MANDALA

MA nDA LA

by Arnold Adoff

pictures by Emily McCully

New Y   This book is from the: ondon

santa clara
county
library district

MA nDA LA

Library of Congress Catalog Card Number: 76-146000
Standard Book Number: Trade 06-020085-5   Harpercrest 06-020086-3

FIRST EDITION

Always for

Jaime and

Leigh

MA nDA LA

MA nDA HA

MA nDA
LA LA LA

MA nDA

MA LA DA LA

MA nDA

LA LA LA

MA HA
DA HA

MA nDA

HA HA HA

NA MA

NA LA

NA DA

NA LA

NA MA

NA HA

NA DA

NA HA

NA MA

    NA DA

NA LA LA LA

NA HA HA HA

RA MA

RA DA

RA LA

RA HA

RA MA nDA

RA DA nMA

RA RA nLA nHA

MA nDA LA

AH